Der goldene Humuskrümel

erzählt und illustriert von Frauke Rüffel

Bibliografische Information der Deutschen Nationalbibliothek:
Die Deutsche Nationalbibliothek verzeichnet diese Publikation in der
Deutschen Nationalbibliografie; detaillierte bibliografische Daten sind im
Internet über http://dnb.dnb.de abrufbar.

1. Auflage 2. Druck

© 2020 Frauke Rüffel

Herstellung und Verlag: BoD – Books on Demand, Norderstedt
ISBN: 978-3-750-46022-5

IM FEBRUAR

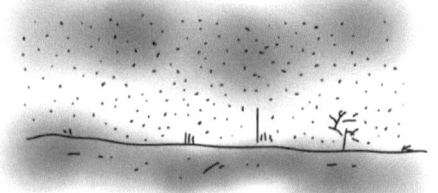

„Ist das wurmig!" Harmo, der kleine Köderwurm strahlte vor Glück. Er war gerade dabei, sein Kostüm anzuziehen, das er sich für den Karneval in diesem Jahr ausgesucht hatte.

Auf den Straßen und Plätzen in Wurmstädt herrschte bereits ein fröhliches und ausgelassenes Treiben. Der Lärm war bis in die schlammige Sandröhre zu hören, in der Harmo mit seiner Mutter wohnte.

„Bist du endlich fertig?", rief eine Stimme.

Harmo band sich schnell ein grünes Halstuch um und kroch durch einen langen Gang, von dessen Decke das Wasser tropfte, in die Küche.

„Hier bin ich!"

Er drehte sich im Kreis, zog seinen Piratensäbel vom Gürtel und fuchtelte damit vor seiner Mutter herum.

„Bitte lass mich leben, du gefährlicher Seeräuber!", jammerte die Köderwurmfrau.

Harmo war zufrieden und steckte seine Waffe weg. Nun lachten beide, wobei der massige Körper seiner Mutter wie ein Wackelpudding auf und nieder hüpfte.

„Dein Kostüm ist aber auch klasse, Mami!"

Harmos Mutter trug einen Rock aus Büroklammern und einen Papphut, der wie ein Stempel aussah. Unter dem Hut quollen lange Farnenwedel hervor, die jene Haarpracht ersetzen sollte, von der die Köderwurmfrau seit ihrer Kindheit träumte. Eigentlich trugen die meisten Würmer nur Borsten oder Schuppen, selten sah man richtige Kleidung auf ihrem Körper. Doch beim Karneval im Februar trugen alle Würmer in Wurmstädt bunte und lustige Kostüme. Gerade deshalb war der Karneval bei den Wurmstädtern sehr beliebt, denn jeder Wurm konnte in eine andere Haut schlüpfen und für kurze Zeit dem Alltag entfliehen.

Das Leben in Wurmstädt hatte einerseits Ähnlichkeit mit dem Leben der Menschen in unseren Städten, andererseits war es einzigartig, weil dort alles wohnte, was sich Wurm nannte oder mit einem Wurm verwandt war. Dazu gehörten Strudelwürmer, Bandwürmer, Schuppenwürmer , Regenwürmer, Mistwürmer, Schlammröhrenwürmer, Saugwürmer, Meeresringelwürmer, Glühwürmer und Köderwürmer wie Harmo und seine Mutter, aber auch wurmartige Geschöpfe mit Namen wie Seemaus, Vielfraßegel oder Schneckenegel. Es war 100 Jahre her, als eine Gruppe Schlammröhrenwürmer Land eroberte und am Grunde schlammiger und abwasserbelasteter Bäche die ersten Wohnröhren baute. Nun durchzogen Wohnröhren die ganze Stadt und boten den Würmern ein gemütliches Zuhause. Die Bäche waren sauber und abwasserfrei. Die erwachsenen Würmer gingen zur Arbeit und die Wurmkinder besuchten den Kindergarten oder waren bereits in der Schule und lernten zusammen mit Harmo alles, was man als Wurm wissen musste.

Ihre Freizeit verbrachten die Wurmfamilien mit Wettkämpfen im Graben oder Tanzen. Das Wettgraben machte nicht nur großen Spaß, sondern diente zugleich der Verbesserung des Bodens in Wurmstädt. Die Würmer belüfteten durch das fleißige Buddeln im Erdreich den Boden, bauten damit schädliche Schwermetalle ab und erzeugten wertvollen Humus, eine sehr fruchtbare Erde. So verwunderte es nicht, dass auf den Wurmstädtern Böden alles wuchs, was in der Pflanzenwelt einen Namen hatte. Obwohl die Köcherwürmer aufgrund ihrer großen Schaufelborsten, die sie zur Arbeit benutzten, seit vielen Jahren alle Grabwettkämpfe gewannen, störte das niemanden, denn schließlich hatte die Gemeinschaft einen großen Nutzen davon. Zur Zeit des Karnevals konnte man in Wurmstädt die Farben- und Blütenpracht der Pflanzen, die sich dank der Humuserde entwickelte, nicht bestaunen, denn es war Winter. Die Blumen, Sträucher und Gräser schliefen tief unter einer feinen Schneedecke, ohne sich vom Lärm des Karnevals stören zu lassen.

Harmo und seine Mutter krochen vergnügt über eine verschneite Wiese bis zum Marktplatz. Manchmal machten sie eine Pause, um ein besonderes Kostüm zu bewundern. Als sie auf ein großes Festzelt zusteuerten, konnten sie laute Musik hören. Eine bekannte Rockgruppe, deren Musiker Kompostwürmer waren, spielte beliebte Hits.

„He, mein süßes Würmchen, kriech bitte in mein Herz. Sonst verkriech ich mich zu Hause vor lauter Liebesschmerz", trällerte es aus dem Zelt. Harmo und seine Mutter bewegten sich auf die Tanzfläche zu, machten sich Platz und begannen im Rhythmus der Musik zu tanzen. Dabei schlängelten sie geschmeidig ihre Hüften und bewegten ihre Borsten hin und her. Manchmal blieben sie mit ihren Borsten aneinander hängen, dann lachten sie und machten weiter.

Nach mehreren Tänzen und einem Glas leckerer Schlammbowle beschlossen sie zu gehen. Der Marktplatz war inzwischen mit sehr vielen Würmern gefüllt, die im Takt der Musik tanzten und schunkelten. Harmo und seine Mutter krochen geschickt durch die Wurmmassen, bis sie die Tribüne erreicht hatten. Sie jubelten und klatschten, denn in wenigen Minuten sollte Herr Koreni eine Büttenrede halten. Herr Koreni besaß nicht nur die größten, mit Borsten besetzten Stummelfüße und war ein geschätzter und kluger Ringelwurm, sondern er war der Bürgermeister. Der Bürgermeister und ein Stadtrat lenkten die Geschicke der Stadt. Im Stadtrat waren zahlreiche Viel- und Wenigborster vertreten, die aber alle zur Familie der Ringelwürmer gehörten. Während sich die Vielborster um die Politik und die Kultur im Ort kümmerten, bauten die Wenigborster wichtige Unternehmen auf.

Harmos Mutter versäumte nie eine Gelegenheit, Herrn Koreni sprechen zu hören. Sie ging zu jeder Wurmversammlung im Rathaus und auch heute wollte sie seinen Worten lauschen. Als Herr Koreni auf die Bühne trat, tobte die Menge. Sein roter Schlauchkörper war mit grauer Farbe bedeckt und an seinem Kopf waren ein langer Rüssel und große Ohren befestigt. Harmo öffnete weit sein Maul. Das machte er immer, wenn er staunen musste.

„Verschluck ihn nur nicht, mein Junge! Das ist ein Elefant", lachte die Mutter.

Sie kannte dieses große Tier, weil sie es in einer Zeitschrift aus der Menschenwelt gesehen hatte.

„Elefanten sind größer als Menschen, aber sie sollen nett sein", meinte die Köderwurmfrau. „Das habe ich jedenfalls gelesen."

Harmo nickte und schaute voller Bewunderung auf den Elefanten, der wie ein Wurm zum Rednerpult kroch.

AM NÄCHSTEN TAG

Der Karneval war vorbei. In aller Frühe sollten die Spuren des bunten Treibens – Papierschlangen, Girlanden, Konfetti, Luftballons und andere Abfälle – beseitigt werden. Diese Aufgabe übernahm eine Reinigungsfirma, in der fünfzig Mistwürmer arbeiteten. Doch an jenem Morgen trauten die Putzwürmer ihren Augen nicht – die Straßen und Plätze waren sauber. Kein Krümel lag auf dem Boden! Die Mistwürmer hatten keine Erklärung dafür, wer die Stadt vom Müll befreit hat.

„Zerbrecht euch nicht unnötig den Kopf, Kollegen! Seid doch froh, dass unsere Arbeit schon getan wurde", meinte Herr Lumbric.

Der fette Mistwurm ärgerte sich darüber, dass er zeitig aufgestanden war, um zur Arbeit zu gehen. Er wäre gern bei seiner neuen Freundin, einer Seemaus mit äußerst attraktiven Rückenschuppen, geblieben. Aber die anderen Mistwürmer waren besorgt und riefen sogleich bei dem Bürgermeister an. Der Bürgermeister schlief noch. Als sein Telefon klingelte, stellten sich seine Borsten auf.

„Wer stört mich denn in aller Frühe? Ich hoffe, es ist etwas Wichtiges!", brüllte Herr Koreni in sein Telefon.

Der Mistwurm, der ihn angerufen hatte, erklärte ihm ausführlich, was passiert war.

„Das ist schon", bestätigte der Bürgermeister, „merkwürdig, aber vielleicht wollte jemand etwas Gutes tun und hat heimlich den Marktplatz gesäubert, während wir gemütlich geschlafen haben. – Das soll es doch geben."

Damit war die Angelegenheit erledigt und die Mistwürmer konnten nach Hause gehen. Herr Koreni machte sich keine Sorgen, denn die Wurmstädter führten ein friedliches Leben. Alle Würmer lebten wie eine große Familie zusammen und halfen sich, wenn es nötig war. Wenn es ein Problem gab, dann wurde gemeinsam nach einer Lösung gesucht. Hierfür gab es schließlich die monatliche Wurmversammlung im Rathaus.

Im letzten Jahr gab es das Problem mit der Dunkelheit während der Nachtstunden. Eine Stadtbeleuchtung gab es nicht, da Elektrizität den Würmern zu gefährlich schien.

„Strom macht Würmer klein und hässlich", erklärte die Lehrerin Frau Culata den Kindern Jahr für Jahr.

Frau Culata war ein großer Schneckenegel mit grünem Wurmkörper. Dennoch wirkte sie sanft und sympathisch. Die Kinder hörten ihr im Unterricht zu und auch die Eltern hatten Respekt vor ihr. Sie wiederholte immer wieder die Geschichte ihrer Großmutter, die damals in der Menschenwelt lebte und in der Nacht wischen zwei Batterien einer Taschenlampe Schutz suchte. Das war ein Fehler, denn sie erlitt einen Stromschlag und verstarb. Seit diesem Unfall war eine Beleuchtung der Stadt mithilfe von Strom kein Thema mehr. Es hatte dem Bürgermeister viel Mühe gekostet, wenigstens einige Telefone in Wurmstädt installieren zu lassen. Das Problem mit der nächtlichen Beleuchtung war geblieben und viele Würmer beschwerten sich beim Bürgermeister, weil sie nachts ihre Wohnröhre nicht finden konnten. Es passierte sogar, dass ein betrunkener Vielfraßegel in die Wohnröhre einer Köcherwurmfrau kroch, weil er nichts im Dunkeln sehen konnte und dachte, dass er dort wohne. Bei der Wurmfrau hatte er es sich dann gemütlich gemacht und alle Nahrungsvorräte gefressen.

„Solche Vorfälle darf es nicht geben!", hatte Herr Koreni bei der Wurmversammlung gesagt und alle Würmer stimmten ihm zu.

Frau Tubiflex, eine attraktive und kluge Schlammröhrendame, machte einen guten Vorschlag.

„Alle Glühwürmchen sollten in der Nachtschicht arbeiten und in der Stadt ausschwärmen, um Würmer auf ihrem Heimweg zu begleiten."

Dieser Vorschlag fand bei allen Wurmstädtern seine Zustimmung. Nur die Glühwürmchen waren nicht begeistert, immer in der Nacht arbeiten zu müssen. Aber Herr Koreni fand eine Lösung. Er nahm Kontakt mit den Leuchtwürmern auf, die am Meeresgrund lebten und sich langweilten. Er bezahlte den

Leuchtwürmern und Glühwürmchen sehr gutes Geld für ihre Arbeit und teilte seine Mitarbeiter in zwei Arbeitsgruppen ein. Die Glühwürmchen arbeiteten in den geraden Wochen und die Leuchtwürmer in den ungeraden. Diese Problemlösungen gehörten nun zur Stadtgeschichte.

Als Herr Koreni heute Morgen sein Büro aufsuchte, hatte er keinen Grund, sich Sorgen um seine Stadt zu machen. Er dachte an den gestrigen Karneval und war zufrieden. Als er die Treppe zu seinem Büro hochkroch, rutschte ihm schon seine Sekretärin, eine hellhäutige Köcherwurmfrau auf ihrem Schleim entgegen. Sie zuckte am ganzen Körper, weil sie so aufgeregt war.

„Der Bademeister vom Stadtbad hat angerufen und mitgeteilt, dass alle Fliesen über Nacht von der Wand gefallen seien."

„Danke, Frau Tris." Während der Bürgermeister in sein Büro kroch, begann er zu schwitzen und das war ihm unangenehm, weil er dann komisch roch. Er öffnete das Fenster und rief dann seine Sekretärin.

„Erzählen Sie Frau Tris, was ist im Schwimmbad passiert?"

„Das habe ich Ihnen doch schon auf der Treppe gesagt."

„Wie war das möglich?" Frau Tris schaute den Bürgermeister mit großen Augen an, hob die Hände und ließ sie wieder fallen.

„Ich verstehe."

Er setze sich in seinen dicken Ledersessel, wählte die Telefonnummer des Stadtbads und sprach in den Hörer:

„Ich habe gehört, was passiert ist. Nun möchte ich wissen, wie das passiert ist." „Wie? – Das wissen wir nicht, Herr Koreni. Am besten Sie sehen sich den Schaden selbst an!", sagte die Stimme am Telefon. Dann legte Herr Koreni auf und schnaufte wie eine alte Dampflok aus der Menschenwelt. In diesem Moment kam Frau Tris in sein Büro, stellte dem Bürgermeister eine Tasse mit heißem Lindenblütentee auf den Schreibtisch und sagte: „Dafür ist aber noch Zeit, bevor Sie gehen!"

Da seine Sekretärin mit strenger Stimme sprach, traute er sich nicht, ihren Tee abzulehnen.

Frau Tris arbeitete schon viele Jahre für den Bürgermeister und wusste genau, was zu tun war, wenn ihm eine Borste juckte – das hieß, wenn er ein Problem hatte. „Ich habe Herrn Urmiger angerufen. Den werden Sie wohl als Fachmann brauchen", sagte Frau Tris.

Herr Koreni lächelte und trank Schluck für Schluck den heißen Tee bis zum letzten Tropfen.

Da kam auch schon Herr Urmiger angekrochen, ein kleiner dünner Strudelwurm, der sich mit Bauschäden auskannte. Wenn er seiner Arbeit nachging und konzentriert nachdachte, perlten oft dicke Schweißtropfen auf seiner Stirn. In solchen Momenten eilte ein zierlicher Regenwurm herbei und tupfte ihm die Stirn trocken. Das war sein junger Assistent, der noch studierte. Auch heute war Herr Urmiger nicht allein gekommen. Sein Assistent wartete vor dem Rathaus und rauchte eine Kräuterzigarette.

Endlich machten sich Herr Koreni, Herr Urmiger und sein Assistent auf den Weg zum Stadtbad.

„Der Tee war köstlich!", rief der Bürgermeister, während er davonkroch und Frau Tris in einem der Fenster des Rathauses entdeckte. Erst vor einem Jahr wurde die Renovierung des

Stadtbades beendet. Alle Wurmstädter wussten, dass die Renovierung teuer, aber notwendig war. Herr Koreni musste daran denken, wie er das Stadtbad nach der Renovierung feierlich eröffnet hatte und wie wunderschön das Schwimmbad geworden war.

„Ich kann mir gar nicht vorstellen, dass es dort einen großen Schaden gibt", meinte der Bürgermeister.

Doch als er in das Schwimmbecken sah, wurden seine Stummelfüße schwer und seine Ringmuskeln verkrampften. Herr Urmiger, der nicht von der Seite des Bürgermeisers wich, stützte ihn, obwohl er selbst merkte, wie sein Hautmuskelschlauch zusammenfiel. Dicke Schweißtropfen bildeten sich auf seiner Stirn und fielen zu Boden.

„Unfassbar", stammelte der Bürgermeister.

„Das habe ich noch nie gesehen", stöhnte Herr Urmiger.

Nur Herr Urmigers Assistent blieb unberührt. Er glitt in das Schwimmbecken, in dem das Wasser fehlte.

„Ganz schön staubig!", teilte er den anderen mit.

„Hier liegen überall die Fliesen, die vorher an den Wänden waren!" Dann kroch er ganz nah an die Wände des Schwimmbeckens heran, presste seinen Schlauchkörper an das Mauerwerk und machte Schlängelbewegungen, die nur ein Fachmann beherrschte. „Das machen Sie ausgezeichnet", lobte Herr Urmiger. Nachdem der junge Regenwurm seine Arbeit beendet hatte, erfuhren sie, dass keine Reste von Fugenmasse oder Fliesenkleber zu finden waren, was sehr ungewöhnlich war. „Was hat das zu bedeuten?", wollte Herr Koreni wissen.

„Keine Ahnung, Herr Bürgermeister", antwortete Herr Urmiger und legte seine Stirn in tiefe Falten.

„Da hat wohl jemand Baumaterial gebraucht."

„Das glaube ich nicht", mischte sich Herr Urmigers Assistent ein und fühlte sich wichtig.

„Das Zeug kann man doch überall billig kaufen. Und außerdem sind die teuren Fliesen noch da."

"Wie dem auch sei, ich habe Hunger. Bitte begleiten Sie mich zum Mittagfressen.

„Gegenüber vom Stadtbad gibt es ein Restaurant mit einer exzellenten Küche."

„Sie meinen das ‚Fressparadies', Herr Bürgermeister?", fragte Herr Urmiger.

Herr Koreni nickte nur kurz und kroch mit zügigen Bewegungen in Richtung „Fressparadies". Die anderen Würmer folgten ihm schweigend.

Im „Fressparadies" waren heute nur wenige Gäste – Harmo, seine Mutter und eine Gruppe Riesenrot-Würmer. Herr Koreni und seine Kollegen aus dem Rathaus fanden einen gemütlichen Platz am Fenster, von dem aus sie die vorbeikriechenden Wurmstädter gut sehen konnten. Aber das war heute nicht wichtig, denn in ihren Köpfen kreisten andere Gedanken. Inzwischen war der Kellner, ein sehr langer und dünner Bandwurm an ihren Tisch geeilt, um die Bestellungen aufzunehmen. Der Kellner hatte sofort den Bürgermeister seiner Stadt erkannt und machte ein besonders freundliches Gesicht. Doch bevor er ein Wort sagen konnte, bestellte der Bürgermeister für sich und seine hungrigen Kollegen ein komplettes Menü. Er bestellte Schlamm-Omelette mit Sandtrüffeln und Meerrettichsoße, dazu jeweils einen Hagebuttensalat mit Preiselbeeren. Als Nachtisch wünschte er einen schlabbrigen

Schlickpudding mit Schlagsahne und Erdstreuseln. Während der Bürgermeister bestellte, wurde der Kellner immer länger und zugleich blasser im Gesicht.

„Mir ist es sehr peinlich, aber ich kann Ihnen heute nur eine köstliche Planktonsuppe mit Zimt servieren."

Bei dieser Nachricht bogen sich die Mäuler der Würmer nach unten. Sie hatten sich so sehr auf ein leckeres Mittagfressen gefreut.

„In unserem Restaurant ist eingebrochen worden. Alle Vorräte sind weg, nur einige Suppenpulver sind noch da", stammelte der Kellner.

Der Bürgermeister hob die Augenbrauen, Herr Urmiger hustete und sein Assistent wackelte unruhig mit dem Schwanz.

Alle hatten das Gefühl, dass irgendetwas in Wurmstädt nicht stimmte.

„Kein Problem. Wir nehmen die Suppe", sprach der Bürgermeister, und als das Fressen kam, löffelten alle schweigend ihre Teller leer.

IM APRIL

Harmo hatte Schulschluss. Seine Mutter wartete auf ihn vor dem Haupteingang der Schule und genoss die warme Aprilsonne. Zusammen wollten sie zum Einkauf und dann in die Bücherei der Stadt kriechen. Seitdem Harmo das Lesen in der Schule gelernt hatte, liebte er Bücher. Besonders abenteuerliche Geschichten ließen Harmo alles um sich herum vergessen. Dann lebte er in seiner Geschichte und kämpfte gegen böse Seeungeheuer, Zauberer oder Klimakatastrophen. Er freute sich darauf, ein neues spannendes Buch auszuleihen. Doch als er mit seiner Mutter an der Stadtbücherei ankam, hing an der Tür des Gebäudes ein großes Schild: Bücherei geschlossen! Plötzlich öffnete sich die große Eingangstür der Stadtbücherei und der Bürgermeister, Herr Urmiger und sein junger Assistent krochen heraus. Ihnen folgte Herr Lumbric, der Leiter der Bücherei. Harmos Mutter winkte ihm zu, denn sie kannten sich aus ihrer Schulzeit. Herr Lumbric winkte freundlich zurück und rief ihr zu: "Es hat einen Diebstahl gegeben! Viele Bücher weg! Üble Sache!" Die Wurmgruppe aus der Bücherei kroch eilig davon. Harmo und seine Mutter krochen langsam und hatten Mühe, Schleim zu produzieren, um geschmeidig weiterzukriechen. Einen Diebstahl hatte es in Wurmstädt seit Jahren nicht gegeben.

„Der ganze Nachmittag ist verdorben", sagte Harmo.

„Oh nein, mein Junge! Das ist er nicht!", rief sie und kroch davon, ohne auf Harmo zu warten. Harmo wunderte sich einen Moment und kroch schließlich hinterher. „Wohin kriechen wir?", fragte er seine Mutter, als er sie eingeholt hatte.

„Zum Sportplatz."

„Das ist eine super Idee! Wir können unserer Fußballmannschaft beim Freundschaftsspiel zusehen!" Harmo freute sich und die Bücher waren vergessen. „Heute spielen die Wenigborster gegen die Vielborster", sagte Harmos sportbegeisterte Mutter. Als sich die beiden Köderwürmer dem Sportplatz näherten, sahen sie schon aus der Ferne die Würmer auf der Rasenfläche. Die Würmer schlängelten in der Sonne und hörten Musik. Einige spielten Karten, andere zeigten farbige Fotografien von ihren Familien, die sich in modernen Wohnröhren präsentierten. Harmos Mutter fragte einen dicken Wurm mit Trillerpfeife, was denn los sei. „Das Fußballspiel kann nicht stattfinden", erklärte er. „Was ist denn passiert?" „Alle Trikots wurden geklaut", erzählte er, „und ohne Trikots können wir die Mannschaften nicht unterscheiden."

Das verstand jeder, der vom Fußball Ahnung hatte. Harmo und seine Mutter waren sehr beunruhigt, denn das war der zweite Diebstahl an diesem Tag, von dem sie hörten. Sie sprachen auf dem Fußballplatz mit vielen anderen Würmern und mussten feststellen, dass es nicht bei den zwei Einbrüchen geblieben war. Ein dünner Mehlwurm berichtete, dass in der Bäckerei eine große Menge Mehl und alle frisch gebackenen Sandkuchen verschwunden seien. Ein attraktiver Schlamm-röhrenwurm mit durchtrainiertem Muskelschlauch erzählte, dass ihm gestern sein Tauchanzug am Bachufer gestohlen worden war, kurz bevor er einen Tauchgang machen wollte.

„Mir war, als ob ich ein leises Fauchen gehört habe, aber das kann auch der Wind gewesen sein. Gesehen habe ich niemanden", schilderte der Wurm seine Beobachtung. Immer mehr Würmer beteiligten sich an dem Gespräch über Einbrüche in der Stadt und konnten von sonderbaren Vorfällen berichten.

„In der Bierbrauerei ist schon letzte Woche eingebrochen worden!", rief laut ein Schuppenwurm, der in der Brauerei arbeitete.

„In der Brauerei?", fragte nochmals ein dünner Ringelwurm, der das nicht glauben konnte. „Über einhundert Flaschen Bier sind spurlos verschwunden", ergänzte der Wurm aus der Brauerei. „Und meine Tante arbeitet bei der Post. Dort fehlen immer wieder Pakete und Briefe. Sogar der Leim auf vielen Briefmarken wurde entfernt."

Jetzt sprachen alle Würmer durcheinander und diskutierten über die beunruhigende Situation in Wurmstädt. Dann fassten sie den Entschluss, den Bürgermeister zu informieren. Ein molliger Saugwurm, der im Rathaus tätig war, sollte diese Aufgabe übernehmen. Außerdem wollten die Würmer in der nächsten Versammlung der Wurmstädter darüber mit dem Bürgermeister sprechen.

„Die Versammlung ist eröffnet", sagte Herr Koreni, der am Rednerpult stand. Alle Wurmstädter waren ins Rathaus gekrochen, um zu hören, was der Bürgermeister der Stadt zu sagen hatte. „Wir alle sind beunruhigt über die Diebstähle in unserer schönen Stadt", begann er seine Rede. „Ein Team von Fachleuten war in Wurmstädt unterwegs und hat alles untersucht. Sie haben erste Erkenntnisse und Vermutungen, wer oder was für die Diebstähle verantwortlich sein könnte."

„Dann lassen Sie doch diese Fachleute endlich zu Wort kommen, Herr Bürgermeister!", rief ein verärgerter Regenwurm.

„Wie sie meinen", antwortete Herr Koreni und bat Doktor Dedro, der als Blitzdenker tätig war, ans Rednerpult.

Ein Blitzdenker war ein Wurm, der viele Geistesblitze hatte, also gut und blitzschnell denken konnte. Der Blitzdenker war ein weißborstiger Riesenrotwurm mit einer dicken Hornbrille.

„Liebe Wurmstädter", begann er, „meine Tests und wissenschaftlichen Studien haben unter Berücksichtigung aller inneren und äußeren Faktoren ergeben, dass die Häufung der Diebstähle in unserer Stadt nicht normal ist." Dann schob er seine Hornbrille auf die Stirn und räusperte sich. Es wurde laut im Versammlungssaal.

„Der hat doch vom grünen Knollenblätterpilz genascht!", brüllte ein Mistwurm sehr laut und der ganze Saal lachte.

„Beruhigen Sie sich, liebe Wurmstädter! – Wir werden jeden einzelnen Diebstahl aufklären und den Dieb bestrafen", sagte der Bürgermeister, um die Würmer zu beruhigen.

„Bitte hören Sie mir zu", bat Doktor Dedro.

„Wir haben erste Erkenntnisse. Wir wissen, dass der Dieb nicht wählerisch mit seiner Beute ist. – Er hat Lebensmittel und Getränke gestohlen, aber auch Baumaterialien, Bücher, Fußballtrikots, Teppiche, Borstencreme, Zahnbürsten und Gummiringe. Wozu stiehlt er diese Sachen?" Er dachte kurz nach.

„Nun ja, die Lebensmittel frisst er wahrscheinlich selbst und die anderen Dinge verkauft er, weil er Geld braucht. – Vielleicht lebt unter uns ein Wurm, der vom rechten Weg abgekommen ist." Die meisten Würmer senkten enttäuscht die Köpfe. Sie waren mit der Arbeit des Blitzdenkers nicht zufrieden. Sollte in Wurmstädt tatsächlich ein krimineller Wurm leben? Das hatte es seit vielen Jahren nicht gegeben.

„Vielleicht ist dieser Wurm krank. Es gibt doch diese komische Krankheit, bei der man stehlen muss, obwohl man das nicht will!", rief eine feine Schlammröhrendame.

„Sie meinen den krankhaften Drang zum Stehlen, der in Fachkreisen als Kleptomanie bezeichnet wird", stellte Doktor Dedro fest.

„Und wir können auch diese Theorie nicht ausschließen." „Aber vielleicht frisst er ALLES!", sagte plötzlich Harmo laut, der eigentlich nur laut gedacht hatte. Die Würmer lachten ihn aus. „Wer frisst denn Bücher oder Borstencreme? – Der hätte aber einen außergewöhnlichen Appetit!", erwiderte ein kräftiger Mistwurm, der weinen musste, weil er herzhaft lachte.

Harmo ärgerte sich, dass er nicht geschwiegen hatte und nun dem Gespött vieler Würmer ausgesetzt war.

„Auch dieser Theorie werden wir nachgehen", sagte Doktor Dedro mit einem Lächeln und zwinkerte dabei den anderen Würmern zu.

Er erklärte nun den Wurmstädtern, dass das Team der Fachleute nicht ohne die Hilfe der Wurmstädter den Dieb fassen könne. Jeder Wurm sollte sofort im Rathaus eine Meldung machen, wenn er etwas Sonderbares gesehen oder gehört habe.

„Wir brauchen mehr Hinweise und Beobachtungen, um dem Dieb auf die Spur zu kommen", meinte Doktor Dedro und schaute hilfesuchend zum Bürgermeister.

Herr Koreni trat sogleich ans Rednerpult und sprach: „Liebe Wurmstädter, die Sicherheit in Wurmstädt war bisher nie in Gefahr. Wir Würmer konnten uns immer aufeinander verlassen. Das soll auch so bleiben. – Schaut euch in Wurmstädt um, kriecht in jede Ritze und Erdloch, kontrolliert die verlassenen Röhrensysteme und alten Gebäude."

Die Würmer nickten zustimmend.

„Die gemeinsame Suche nach dem Dieb ist kein Problem, sondern eine Chance, sich für die Gemeinschaft zu beweisen", meinte der Bürgermeister abschließend, bevor die Wurmstädter die Versammlung verließen. Sie wussten, dass das Leben in Wurmstädt nicht mehr sicher war und hatten ein ungutes Gefühl. Viele Würmer schauten sich verängstigt um, als sie die Wurmversammlung verließen und in ihre Wohnröhren krochen.

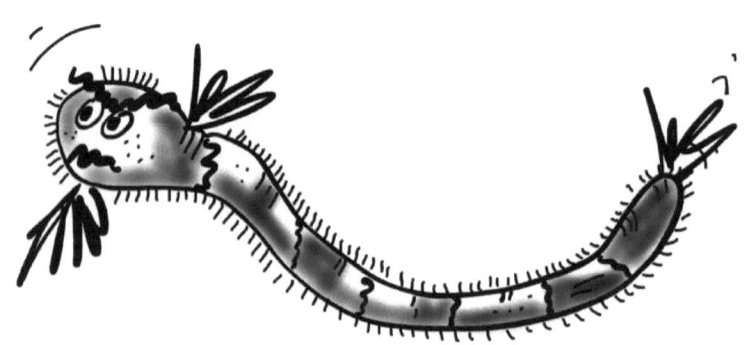

IM MAI

Harmo kroch gleich nach der Schule in den Laubwald, der
erhöht über einem Schotterweg lag, um etwas von dem leckeren
Sandboden zu holen, der dort zu finden war. Der Sand war die
wichtigste Zutat für die leckeren Sandklöße, die seine Mutter am
Abend kochen wollte. Harmo freute sich auf das leckere
Abendbrot, denn zu den Klößen sollte es ein Felsenbirnen-
kompott geben, das eine seiner Lieblingsspeisen war. Die
Felsenbirne, ein Wildgehölz, wuchs in diesem Laubwald
zwischen Buchen, Eichen und Schwarzerlen. Harmo ging im
Sommer oft hierher, um die leckeren, blauen Beeren der Felsen-
birne zu pflücken. Er war gern in diesem Wald, in dem selten
andere Würmer spazieren krochen. Auch heute war er allein im
Wald und freute sich über den Frühling, der den Bäumen ihr
grünes Kleid zurückgab. Harmo wollte gerade seinen Eimer mit
Sand füllen, als ihm etwas Schwarzes auffiel, das zum größten
Teil von Laub bedeckt war.

„Was ist das?", dachte Harmo, während er das schwarze Zeug
untersuchte. Es waren viele flache Einzelstücke, die sich sehr
hart anfühlten und eine schwarze Farbe hatten. Harmo zog ein
Stück aus dem Haufen heraus und hielt es gegen die Sonne. Jetzt
schimmerte es bläulich und sah hübsch aus. Dann kam Harmo
eine Idee. Er befreite alle Stücke vom Laubwerk und legte sie auf

den Schotterweg. Dann betrachtete er sie eine Weile und begann sie wie ein Puzzle zusammenzusetzen. Als er fertig war, lag vor ihm eine dunkle flache Platte, die ölig glänzte. Die Platte war nicht eckig, sondern rundlich.

„Was ist das nur?" Harmo konnte sich nicht erinnern, dieses Material irgendwo gesehen zu haben. „Diesen Fund muss ich im Rathaus melden. Das gehört vielleicht dem Dieb." Harmo füllte schnell seinen Eimer mit Sand, wie er es der Mutter versprochen hatte und machte sich auf den Heimweg. Während er kroch, musste er immer wieder an den eigenartigen Fund denken. Harmo kroch langsamer. „Vielleicht gehören die schwarzen Teile nicht dem Dieb und alle lachen wieder über mich." Das Tempo des kleinen Köderwurms verlangsamte sich weiter und schließlich stoppte er vollständig. „Ich werde niemandem etwas sagen, sondern allein herausfinden, was ich entdeckt habe!" Da seine Entscheidung feststand, kroch er schnell nach Hause, wo die Mutter auf den Sand wartete.

In der Nacht schlich sich Harmo aus der gemütlichen Wohnröhre. Seine Mutter schlief fest und träumte von einem starken Köderwurm, der ihr die schweren Einkaufstaschen trug.

Harmo kroch im Schutz der Dunkelheit zum Laubwald. Er schlängelte sich geschickt zwischen den Bäumen und Sträuchern hindurch. Plötzlich konnte er sich nicht mehr bewegen, weil er große Angst hatte. Sein Muskelschlauch war wie versteinert, als er etwas Ekliges roch. Dieser Geruch war kaum auszuhalten! Etwas streichelte seinen Rücken, doch Harmo war sich nicht sicher, ob es der Wind oder etwas anderes war.

„Vielleicht lauert ein großes Ungeheuer hinter der dicken Eiche, auf die ich zusteuere."

Trotz seiner Angst und des ekligen Geruchs kroch er langsam weiter. Hinter dem Eichenbaum raschelte es laut, dann wieder und wieder, aber die Geräusche wurden immer leiser, als ob sich etwas von Harmos Standort entfernte. Außerdem hörte er mehrmals einen dumpfen Aufprall. Etwas hatte bei der schnellen Flucht Probleme, Hindernissen auszuweichen, weil es sehr dunkel war, so dass es gegen jeden Baum knallte. „Hoffentlich hat es sich nicht verletzt", dachte Harmo. Im Wald war es wieder ruhig und auch der eklige Geruch war verschwunden. Harmo atmete entspannt und war fest entschlossen, den Laubwald zu durchqueren. Er hatte Glück, denn der Mond schien jetzt hell und erleichterte im das Kriechen im Dickicht. Kurz vor Mitternacht erreichte er das Ende des Laubwaldes und sah den alten Röhrenbahnhof, der schon seit vielen Jahren stillgelegt war. Früher, als Harmos Vorfahren lebten, fuhren täglich mehrere Erdbahnen in die Menschenwelt. Diese Zeit kommt nicht wieder, denn kein Wurm wünschte sich einen Kontakt zur Menschenwelt. Harmo kannte nicht die Gründe, denn die erwachsenen Würmer sprachen nicht darüber und so konnte er die Wahrheit nicht erfahren. Der Bahnhof wirkte verlassen und friedlich. Harmo kroch zum alten Bahnhofsgebäude, das über den zahlreichen Röhren für Züge gebaut worden war und einst zum Verkauf von Fahrkarten diente. Der alte Röhrenbahnhof wurde seit Jahren nicht benutzt, aber dennoch war dort alles sehr sauber. Harmo suchte vergebens nach Müll oder Abfall, auch kein altes Laub oder vertrocknete Gräser, die der Wind aufgewirbelt hatte, lagen auf dem Boden.

„Wer hatte hier aufgeräumt und saubergemacht?", fragte sich Harmo. Der kleine Köderwurm kroch zu der großen Bahnhofstür, öffnete sie und schlüpfte herein. Doch er fand auf dem harten Steinboden keinen Halt, da der Untergrund ölig war. Er rutschte aus und sein Muskelschlauch klebte wie eine Briefmarke am Stein. Jetzt bemerkte er auch den ekeligen Geruch, den er schon vom Wald kannte.

„Ist da jemand?", fragte er in die Dunkelheit.

Ein lautes Fauchen kam als Antwort. Vor Angst presste er sich noch fester an den Steinboden und zitterte. Der kleine Wurm bereute seinen Entschluss, allein hierher gegangen zu sein.

„Jetzt wird mich ein Ungeheuer fressen und niemand wird je wissen, was mit mir passiert ist", dachte Harmo und schloss die Augen. „Bist du krank?", fragte eine blecherne Stimme aus der Dunkelheit. Harmo öffnete blitzschnell seine Augen, zog seinen Schlauchkörper ruckartig zusammen und versuchte sich aufzurichten. Er starrte in die Richtung, aus der die Stimme gekommen war. „Wer bist du?" „Ich bin ich. - Ich bin mal hier, ich bin mal dort, aber selten am gleichen Ort. Niemand kann mich sehen!", antwortete die Blechstimme.

„Dann bist du so hässlich, dass dich niemand sehen darf?", fragte Harmo. Plötzlich war es einige Minuten still.

„Nein, das ist es nicht. Das wäre mir egal."

„Was ist es dann?" Harmo hatte immer noch Angst, aber war auch neugierig. Er hörte wieder ein leises Fauchen aus dem hinteren Teil des Raumes.

„Ihr Würmer würdet mich jagen und einsperren oder ... – ich will es nicht aussprechen."

„Töten", ergänzte Harmo.

„Aber warum sollten wir das tun?"

„Weil ich anders bin", sagte die Stimme in der Dunkelheit und sie klang traurig.

„Du wirst gejagt, weil du ein Dieb bist und unsere schöne Stadt kaputt machst", protestierte Harmo und schlug mit seinem dünnen Schwanz mehrmals auf den Boden.

„Aber ich habe Hunger. Ich muss fressen", erwiderte die Blechstimme, ohne verärgert zu klingen.

Harmo wunderte sich.

„Ihr Würmer denkt, ich bin böse. Ich klaue nur, wenn der Hunger mich plagt", fauchte es neben Harmo. Der kleine Wurm zuckte zusammen. Eine Tür wurde geöffnet und etwas schlüpfte hindurch. Harmo sammelte seine Kräfte, lockerte seinen Muskelschlauch und kroch, so schnell es ging, zur Tür. Er öffnete sie und war überrascht. Vor ihm stand ein kleines, fast rundliches Tier mit einem glänzenden schwarzen Panzer. Es hatte sechs Beinchen und am Kopf trug es sonderbare Antennen. Im Mondschein konnte Harmo dieses Tier genau sehen.

„Was bist du?", fragte Harmo. Doch bevor dieses schwarze Tier antwortete, bearbeitete es seine Antennen und Beine mit mehreren Reinigungsbürsten. „Ich hasse Schmutz an meinem Körper", sagte es. „Ich bin eine Schabe, ein Kakerlak – wie du willst. Ich habe viele Namen. Mich gibt es schon 350 Millionen Jahre."

„So alt siehst du aber nicht aus", meinte Harmo. Das kleine schwarze Tier lachte. „Nicht ich bin 350 Millionen Jahre alt, sondern meine Art." Harmo nickte und betrachtete das seltsame Tier. „Was sind das für Antennen an deinem Kopf?"„Meinst du meine Fühler?", fragte der Kakerlak und strich über die zarten Körperteile. „Die sind extrem sensibel, das kann ich dir sagen."

„Wie meist du das?", wollte Harmo wissen.

„Ich drehe mich mit dem Rücken zu dir, sodass ich dich nicht sehen kann. Und du machst eine kleine Körperbewegung, einverstanden?" Harmo nickte und wackelte ganz leicht mit einer Borste, die sich am Ende seines Wurmschwanzes befand.

„Bei dir hat am äußersten Ende deines Körpers eine Borste gewackelt, richtig?" Harmo war beeindruckt.

Und sie probierten diesen Test noch mehrere Male. Harmo schloss die Augen, spannte den einen und anderen Muskelring an, sodass nur eine einzelne Borste am Bauch oder Rücken vibrierte – doch auch diese unscheinbaren Körperbewegungen bemerkte der Kakerlak, ohne Harmo dabei anzusehen.

„Und diese Fühler können noch mehr", behauptete das kleine schwarze Tier. Es bewegte seine Fühler langsam hin und her und sagte: „Wir haben genau 12 Grad Celsius Außentemperatur." Dann berührte er Harmos Körper.

„Du hast 15 Grad Celsius Körpertemperatur." „Du bist ja ein Thermometer, das laufen kann", stellte der kleine Köderwurm fest.

Der Kakerlak ging ein paar Schritte auf den Wurm zu und seine Fühler zeigten direkt auf Harmo. „Und ich weiß, dass du heute Abend Sand und Felsenbirne gefressen hast." Harmo erschrak, denn er hatte niemandem gesagt, was es heute zum Abendbrot gab. „War der Kakerlak in seiner Wohnröhre gewesen und hatte ihn und seine Mutter beobachtet?" Seine Angst kam zurück.

„Entspann dich", sagte der Kakerlak. "Ich kann dich mit meinen Fühlern riechen." „Das ist wirklich cool!"

Harmo hatte so viele Fragen an das fremde Tier und er wollte unbedingt mit dem Kakerlaken über die Diebstähle sprechen. Aber leider musste er nach Hause kriechen, wenn er keinen Ärger mit seiner Mutter haben wollte.

Er verabschiedete sich von dem Kakerlaken, aber nicht ohne ein Wiedersehen zu vereinbaren. Sie hatten geschworen, niemandem von ihrer Begegnung zu erzählen und wollten sich am nächsten Nachmittag am Röhrenbahnhof treffen.

„Ich bin Harmo", rief der kleine Schuppenwurm beim Wegkriechen. „Meine Name ist Odu", hallte es zurück.

DER LETZTE MAITAG

Odu, der Kakerlak, freute sich auf das Treffen mit dem kleinen Köderwurm, denn Harmo war der einzige Wurmkontakt, den er bisher hatte. Seit dem Februar lebte er nun schon unter den Würmern. Jetzt brach der letzte Tag im Mai an und er spürte, wie einsam er gewesen war. Er war aus der Menschenwelt gekommen, als er noch winzig war. Odu hatte nie mit seiner Mutter geredet, weil er damals noch ein kleines Ei war, das seine Mutter drei bis sechs Wochen mit sich führte – aber er konnte alles hören. Er erinnerte sich, dass seine Familie in einem großen Restaurant gelebt hatte, das täglich viele Menschen in eleganter Kleidung besuchten. Auserlesene französische Speisen und die teuersten Weine standen auf der Speisekarte des Restaurants und der Kakerlaken.

„Meine Verwandten mampften nur das Feinste", dachte Odu. Er erinnerte sich auch daran, dass seine Mutter manchmal zu viel Rotwein getrunken hatte und dann Schwierigkeiten bekam, geradeaus zu laufen. An dem Tag, an dem die Kakerlakenfrau das Ei mit ihrem Baby ablegte, hatte sie auch ein Alkoholproblem, sodass Odu vor dem Restaurant in eine tiefe Sandröhre gefallen war. Als er aus dem Ei schlüpfte und er sich zu einer prächtigen Larve entwickelt hatte, war er allein. Dann wechselte er sechsmal seine Haut und war ein fertiger Kakerlak, der sich in einem tiefen und sandigen Tunnel befand, der direkt nach Wurmstädt führte, wie sich später herausstellte. Odu hielt eine kleine Kette mit seinem Namen in der Hand, die einst seine Mutter mit zu ihm ins Ei gelegt hatte. Für diese Erinnerung war er sehr dankbar.

Plötzlich wurde Odu durch ein knurrendes Geräusch gestört. Es kam aus seinem Magen. Dieses Geräusch machte Odu nervös, denn er hörte es immer und immer wieder.

Das Knurren hörte Odu laut und deutlich, da seine Ohren mit einem außergewöhnlich feinen Gehör ausgestattet waren und sich direkt hinter den Kniebeugen befanden.

„Ich werde noch verrückt, wenn mein Magen nichts zu kauen bekommt", dachte der Kakerlak. Ohne nachzudenken rannte Odu einfach los. Er rannte und rannte, bis er schließlich eine Vollbremsung machte. Der Kakerlak hatte sein Ziel erreicht.

Harmo ging nach dem Schulunterricht schnell nach Hause, um seine Hausaufgaben zu erledigen. Dann sagte er seiner Mutter, dass er sich mit anderen Würmern aus seiner Klasse auf dem Sportplatz treffe. Diese Notlüge musste sein, denn Harmo wollte den Kakerlaken nicht verraten, denn schließlich hatte er es ihm geschworen. Voller Freude kroch er zum stillgelegten Röhren- bahnhof, um Odu, den Kakerlaken, zu treffen. Als er dort ankam, konnte er ihn nicht finden. Harmo war enttäuscht. „Oder hat er mir nicht geglaubt, dass ich ihn heute wieder besuche?" Der kleine Köderwurm grübelte. Nachdem er eine

Dreiviertelstunde gewartet hatte, kroch er wieder nach Hause. In der Nähe seiner Wohnröhre sah er seine Mutter mit anderen Würmern heftig diskutieren. „Da muss etwas passieren", hörte er seine Mutter sagen. „Nun sind selbst unsere Wohnröhren nicht mehr sicher vor dem Dieb!", schimpfte die Nachbarin.

Als Harmo fragte, was denn los sei, berichtete man ihm von mehreren Einbrüchen in die Wohnröhren. Es waren Lebensmittel, Schuhcreme, Make-Up, Wolle und Teppiche gestohlen worden. Harmo schämte sich, weil er den Dieb kannte. Dennoch war er nicht bereit, sein Geheimnis mit den anderen Würmern zu teilen. Er ärgerte sich aber so sehr über Odu, dass sich sein Schlauchkörper intensiv rot färbte und die Mutter glaubte, dass er krank sei und vielleicht Fieber habe.

„Mir geht es gut", behauptete der Köderwurm und erzählte seiner Mutter, dass er vermutlich etwas Schlechtes gefressen habe. Harmos Gedanken kreisten an diesem Nachmittag und Abend nur um das sonderbare Tier. Er musste Odu unbedingt finden.

In der Nacht kroch er heimlich zum Röhrenbahnhof, um erneut nach dem Kakerlaken zu suchen. Dieses Mal hatte er Glück. Odu saß auf einer Stufe der Bahnhofstreppe und fraß genüsslich einen Wollfaden.

„Warum hast du das gemacht?", rief Harmo. Er verzichtete darauf, Odu zu begrüßen.

„Schön, dass du gekommen bist", erwiderte der Kakerlak.

„Warm hast du das gemacht?", wiederholte der Köderwurm seine Frage. „Weil ich Hunger hatte. Was denkst du denn?" Harmo konnte diese Antwort nicht akzeptieren. Er straffte seinen Schlauchkörper, um bedrohlich zu wirken. „Das muss aufhören, Odu! Sonst bekommst du richtig viel Ärger!"

Der Kakerlak schaute ihn traurig an und sagte: „Willst du, dass ich sterbe? Wenn ich nicht fressen kann, sterbe ich."

Harmo fühlte sich schlecht.

„Natürlich will ich nicht, dass du stirbst", begann er mit leiser Stimme, „aber das Klauen ist keine Lösung." Odu nickte, wobei seine langen Fühler wippten. Dann erzählte er dem Köderwurm, wie schwer es war, ein Allesfresser zu sein. Harmo staunte über den außergewöhnlichen Speiseplan dieses Tieres, der von A wie Apfel bis Z wie Zahnpasta reichte. Aber am liebsten futterte er einen alten Lampenschirm oder Angelschnur.

„Dieses Zeug ist richtig lecker", betonte Odu.

Wurmstädt erschien dem Kakerlaken wie eine große Speisekammer, aus der man sich problemlos bedienen konnte.

„Und frisst du auch das hier?", fragte Harmo und klopfte dabei auf seinen schwarzen Körper.

„Panzer", sagte Odu.

„Ich trage einen sehr harten Panzer aus Chinin, den ich aber nach einer bestimmten Zeit wechseln muss, da ich noch wachse und er mir dann zu klein wird."

„Und dann wirfst du ihn einfach in den Wald und versteckst deinen Müll unter dem Laub", ergänzte Harmo. Der Kakerlak nickte. „Aber ich kann den alten Panzer nicht fressen. Das wäre ja, als würde ich an mir knabbern", ergänzte Odu und schüttelte sich, sodass sein Panzer komische Geräusche machte.

Dann lachten sie und Harmo trommelte mit beiden Händen auf den Panzer, als ob er ein Musikinstrument wäre.

Plötzlich wurde der kleine Köderwurm ernst und fragte den Kakerlaken, ob er überhaupt begreife, dass er ein Gast in der Stadt der Würmer sei. Da wurde Odu nachdenklich und still.

„Ich bin ein schlechter Gast", stellte er fest.

Harmo kroch ganz nah an den Kakerlaken heran, schmiegte sich mit seinem Schlauchkörper fest an das Tier und flüsterte:

„Odu, wir finden eine Lösung."

Während Harmo angestrengt nachdachte, wie er seinem neuen Freund helfen kann, sorgte sich der Kakerlak darum, ob er in der Zukunft auch satt werden würde.

„Ich hab's", rief plötzlich der kleine Köderwurm, küsste den Kakerlaken auf den schwarzen Panzer und schenkte ihm ein breites Lächeln.

IM JUNI

Herr Koreni, der Bürgermeister der Stadt, hatte sein Expertenteam am Nachmittag in sein Büro eingeladen, um die aktuelle Situation in Wurmstädt zu besprechen.

Herr Urmiger, sein Assistent und Doktor Dedro hatten keine neuen Erkenntnisse über den Dieb, deshalb hatten sie einen Schlafsammler mitgebracht. Das war ein schmächtiger Schuppenwurm, der in der Lage war, den Schlaf der Würmer einzusammeln und aufzubewahren. Herr Koreni saß hinter seinem Schreibtisch und schaute den Schlafsammler neugierig an. Nervös trampelte er mit seinen Stummelfüßen auf den Fußboden und atmete schwer.

Als er bemerkte, dass der Schlafsammler ruhig und gelassen vor ihm stand, machte ihn das noch nervöser.

„Wie kann uns ein Schlafsammler helfen?", fragte er schließlich.

Doktor Dedro erklärte, dass man davon ausgehen müsse, dass die meisten Diebstähle während der Nachtstunden erfolgen.

In der Nacht würden die Würmer fest schlafen und könnten deshalb nie einen Dieb sehen.

„Aber wenn die Würmer nicht schlafen, beobachten sie vielleicht den Dieb und können uns wertvolle Hinweise geben", stellte Herr Koreni fest und lobte jetzt den Vorschlag seiner Mitarbeiter. „Natürlich müssen wir die Sache geheim halten", meinte der Bürgermeister. Seine Mitarbeiter nickten zustimmend. Als es in Wurmstädt dunkel wurde, kroch der Schlafsammler, der einen weiten schwarzen Umhang trug, unter dem er ein großes Schraubglas verbarg, durch die Stadt. Vor jeder Wohnröhre blieb er stehen, legte dort eine große, kostbar verzierte Spritze an und zog den Schlaf der Würmer in die Spritze hinein. Dann nahm er sein großes Glas, schraubte den Deckel ab, spritzte den Schlaf der Würmer in das Glas und verschloss das Gefäß. So sammelte er den Schlaf aller Wurmstädter ein. Er vergaß auch nicht den Bürgermeister und seine Mitarbeiter. Der Schlafsammler besuchte auch Restaurants, Kinos und Theater, um den Würmern dort den Schlaf zu rauben.

Niemand störte den Schlafsammler bei seiner Arbeit, weil sie ihn in der Dunkelheit, eingehüllt in seinen Umhang, nicht sahen.

Die Juninacht brach herein, aber in den Wohnröhren wurde es nicht still. Eine große Anzahl Würmer vertrieb sich die Zeit auf der Straße. Sie plauderten, tanzten oder spielten zusammen, weil sie nicht müde waren. Die Wurmstädter waren hellwach. Die Glühwürmchen, die in dieser Nacht arbeiten mussten, glühten besonders hell und freuten sich über das nächtliche Treiben der Würmer.

Als Odu nachts mit hungrigem Magen in die Stadt kam, um sich ohne Mühe sein Fressen zu holen, war er überrascht. Er konnte nicht verstehen, warum die Würmer nicht schliefen.

„Was fresse ich denn heute, um nicht erwischt zu werden?"

Er merkte eine Verspannung in allen sechs Beinen. Dann tippelte er zurück an den Waldrand, der ihm Schutz vor dem Licht der Glühwürmer bot. „Da habe ich schon zwei Gehirne und kann trotzdem schlecht denken!", schimpfte der Kakerlak.

Plötzlich fühlte er, wie sein Herz das Blut durch seinen Körper pumpte und ihm wurde heiß.

„Aber ich muss ja gar nicht denken. Ich bin klein, schwarz und flink. Das genügt!"

Er sprintete zur Bank der Stadt, die sich in der Nähe des Waldes befand. In Sekundenschnelle erreichte er das Gebäude und stand vor der gut gesicherten Eingangstür. Dann sah er den kleinen Spalt unter der Tür, der flacher als ein Stück Papier war. Odu legte sich ganz flach auf den Boden, sonderte eine ölige Substanz ab, die er über seinen ganzen Körper verteilte und glitt durch den Türspalt hindurch.

„Das hat Spaß gemacht", sagte er, als er sich aufrichtete. Er begann, das Innere der Bank abzutasten, da er in der Dunkelheit nichts sehen konnte.

„Wer braucht schon Augen, wenn man diese Fühler hat."

Er ertastete verschiedene Gegenstände, hauptsächlich dicke Ordner mit Dokumenten und Schreibgeräte.

„Das Geld liegt bestimmt im Tresor", dachte der Kakerlak. Aber Odu interessierte sich nicht für das Geld, denn er wollte keine Geschäfte machen. Er wollte nur fressen und was er außerhalb des Tresors fand, war ausreichend. Als er die Bank verließ, war sein Bauch angeschwollen und er schwitzte und

strampelte, als er sich durch den Spalt kämpfte, um die Bank zu verlassen. Als seine Augen sich wieder an das Licht der Stadt gewöhnt hatten, sah er neben sich den Schlafsammler stehen. Der Schlafsammler erschrak und ließ das große Glas mit dem Schlaf der Würmer fallen. Der Kakerlak reagierte blitzschnell und fing das kostbare Glas mit seinen Beinen auf.

„Hier bitte", sagte Odu und reichte dem Schlafsammler sein Glas. Der Schlafsammler war bleich im Gesicht und sein Wurmkörper zitterte, als wäre es bitterkalt. Er dankte dem Kakerlaken von ganzem Herzen, denn er hatte ein großes Unglück in Wurmstädt verhindert. Wenn die Würmer ihren Schlaf nicht zurückbekommen würden, wären sie immer wach und das hätte schlimme Folgen.

„Ich werde nichts sagen", flüsterte der Schlafsammler und verschwand.

Odu schaute dem Wurm mit dem großen Umhang hinterher und fand es komisch, dass man sich wegen eines Glases so verrückt machen konnte. Der Schlafsammler hatte den Auftrag, den Würmern ihren Schlaf am nächsten Tag zurückzugeben. Das machte er und das Leben konnte in Wurmstädt wie gewohnt weitergehen.

Am nächsten Tag verhielten sich die Wurmstädter eigenartig. Sie krochen nicht nur extrem langsam, sondern waren auch schrecklich müde. Kein Wurm hatte Kraft, seine Tagesgeschäfte gut zu verrichten. Die Wurmkinder schliefen auf der Schulbank, die erwachsenen Würmer quälten sich auf ihren Arbeitsstellen und der Bürgermeister schlief auf seinem großen Schreibtisch ein. Niemand hatte etwas beobachtet. Der Bürgermeister und seine Experten mussten sich eingestehen, dass ihre Aktion nicht einen winzigen Erfolg erbracht hatte.

IM JULI

Es war Anfang Juli und die Schulferien hatten begonnen. Harmo hatte sich inzwischen oft mit Odu getroffen. Für den kleinen Köderwurm war die Zeit gekommen, um mit dem Bürgermeister ein wichtiges Gespräch zu führen. Es war sein Plan, ihm von dem Tier aus der Menschenwelt zu berichten. Außerdem wollte er dem Bürgermeister einen guten Vorschlag unterbreiten. Doch als er die Rathaustreppe hinaufkroch, schallte ihm schon großer Lärm entgegen. Bürowürmer mit großen Akten krochen geschäftig von Zimmer zu Zimmer und alle redeten durcheinander. Harmo konnte nur einzelne Wortfetzen heraushören. „Umweltschädlich ...“ „Katastrophe!“ „Abfall ...“ „Müllverbrennung ...“ „Nicht gut für die Gesundheit ...“ „Was ist denn hier los“, fragte Harmo einen Wurm, der sich ihm näherte. „Nichts für kleine Würmchen! Wir haben ein Problem mit dem Stadtmüll, aber der Bürgermeister regelt das“, antwortete der Wurm und kroch hastig weiter. Der kleine Köderwurm kroch zum Büro des Bürgermeisters. Die Tür stand offen. Harmo konnte sehen, dass Herr Koreni an seinem großen Schreibtisch saß und telefonierte. Seine Sekretärin stand neben ihm und schrieb etwas auf ihren Notizblock. Als sie den kleinen Köderwurm in der Tür sah, lächelte sie freundlich. Dann kroch sie zu Harmo und sagte ihm, dass der Bürgermeister heute nicht zu sprechen wäre. „Aber es ist wichtig. Es geht um den Dieb in unserer Stadt", sagte Harmo. Herr Koreni hatte ihn gehört, da der kleine Wurm laut gesprochen hatte. Trotzdem rief er verärgert: " Ich habe keine Zeit für die Fantasie eines kleinen Wurmes! Das muss warten!" Harmo schaute den Bürgermeister an. „Bitte, Herr Koreni."„Genieß deine Ferien am Baggersee und misch dich nicht in die Probleme Erwachsener ein", lauteten seine letzten Worte. Dann eilte seine Sekretärin zu Harmo, gab ihm einen Rotkleebonbon und schloss die Bürotür. Harmo war sehr enttäuscht, weil der Bürgermeister ihn nicht angehört hatte.

Am nächsten Tag sollten die Arbeiten zur Verschönerung des alten Rathauses beginnen. Die staubigen Mauern des alten Gebäudes sollten im neuen Glanz erstrahlen, da Wurmstädt im August seine 100-jährige Stadtgeschichte feiern wollte. Zu diesem Anlass sollte das Rathaus besonders hübsch aussehen.

Als die Handwerker das Mauerwerk und die Ornamente von alten Ablagerungen befreien wollten, war kein Stäubchen mehr auf ihnen zu entdecken. „Ein Wunder ist geschehen", freute sich der Bauleiter, ein dünner Köderwurm. Er war froh, dass die Arbeit bereits erledigt war und er sich neuen Bauprojekten zuwenden konnte, von denen es noch reichlich viele gab. Dann telefonierte er mit seiner Frau, um ihr die gute Nachricht zu überbringen. Seine Frau war heute mit einer Gruppe Würmer zur Feldarbeit unterwegs. Es sollte endlich das Unkraut gejätet werden, dass die Nutzpflanzen der Würmer beim Wachsen hinderte.

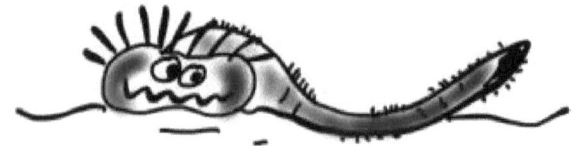

Kaum waren die Würmer am Stadtrand angekommen, suchten sie das große Feld nach Unkraut ab. Nirgends war Unkraut zu entdecken. Nur gesunde Nutzpflanzen standen im Erdbeet. Die Würmer freuten sich, dass ihnen das mühsame Unkrautziehen erspart geblieben war. Nun konnten sie den Rest des Tages genießen. Die Frau des Bauleiters kroch schnell nach Hause, um ihre Hausarbeiten zu erledigen und um den Restmüll aus der Wohnröhre zu schaffen. Doch als sie ihre Wohnröhre betrat, atmete sie nur frische Luft. Alles war blitz und blank. Die Mülleimer waren entleert und die Sandkrümel vom Fresstisch und aus den Betten waren ebenfalls beseitigt worden.

„Das ist heute mein Glückstag", freute sich die Frau des Bauleiters, nahm ein kleines Handtuch und kroch zur Wurmstädter Sauna. Die Sauna der Stadt war gut besucht. Die Würmer lagen auf den Holzbänken und plauderten angeregt. Auch Harmo und seine Mutter entspannten sich auf diese Weise.

Ein dicker Mistwurm, auf dessen Schlauchkörper viele dicke Schweißtropfen perlten, meinte: "Das Leben ist wunderbar. Mein Chef hat mir heute Erholungsurlaub gegeben."

„Und meine Freundinnen und ich mussten auch nicht arbeiten, da die Arbeit schon gemacht war", trällerte die Frau des Bauleiters. „Wir hatten auch frei", warf ein dicker Spulwurm ein, der auf der obersten Saunabank schwitzte.

„Wir haben auch eher Feierabend bei der Stadtreinigung gemacht", sagte ein Wurm, der seine Borsten mit einem Metallkamm bearbeitete. Da streckte sich ein dünner Wurm mit hochrotem Kopf und sagte: „ Leider gibt es nicht immer einen Grund zur Freude." Er schaute dabei zu dem Wurm, der seine Borsten kämmte.

„Ich arbeite in der städtischen Anlage für Müllverbrennung. Einer der großen Krane, die den städtischen Abfall in den Abfallbunkern umschichten und ihn dann zu den Öfen zur Abfallverbrennung fahren, ist kaputt."

„Ach deshalb hatte ich frei", meinte der Wurm und unterbrach seine Borstenpflege. Die anderen schwitzenden Würmer verstanden nicht, was sie gehört hatten.

„Wir könnten an unserem eigenen Müll ersticken", ergänzte der dünne Wurm."

„Ein Kran allein schafft es nicht, die Abfallmengen zu bewegen. – Der liegengebliebene Müll stinkt und es bilden sich Gase, die für uns Würmer gefährlich sind."

Jetzt hatte der dünne Wurm die Aufmerksamkeit aller Würmer. Mit der Entspannung war es vorbei.

„Ach darum die Aufregung im Rathaus", ging es Harmo durch den Kopf. Die Sauna leerte sich schlagartig. Als die Würmer nach Hause schlängelten, um ihre Familien zu warnen, lag ein kräftiger Müllgestank in der Luft.

Harmo kroch, so schnell wie er konnte, zum alten Röhrenbahnhof, um Odu zu treffen. Der Kakerlak lag zufrieden in der Julisonne und summte ein Liedchen.

„Du bist ja so gut gelaunt", begrüßte Harmo seinen neuen Freund. „Wie sollte ich das nicht sein? Hast du nichts von meinen guten Taten gehört?", fragte Odu.

„Doch. Das hast du gut gemacht." Harmo klopfte dem Kakerlaken anerkennend auf den Panzer.

„Du bist auf dem richtigen Weg, Odu", sagte Harmo, „aber du kannst noch mehr Gutes tun, denn Wurmstädt braucht deine Hilfe." Dann erzählte Harmo seinem Freund von den Müllbergen und der drohenden Gefahr für die Würmer. Der Kakerlak spürte die Sorgen seines Freundes und wollte helfen.

„Wurmstädt braucht frische Luft. Auf zum Müllplatz!", sprach Odu laut und krabbelte davon. „Warte!", rief der kleine Köderwurm, der keine Chance hatte, dem Kakerlaken zu folgen.

Als Odu merkte, dass sein Freund unendlich viel Zeit für den Weg brauchen würde, ließ er ihn auf seinem schwarzen Panzer reiten. „Daran könnte ich mich gewöhnen!"

Harmo jauchzte und fühlte sich wie ein Grashalm, den der Wind tanzen lässt. Nach einer halben Stunde gelangten sie an ein riesiges Tor mit einem großen runden Holzschild, auf dem „Wurmstädter Abfall-, Entsorgungs- und Verwertungs-GmbH" stand. „Hier steht die Anlage für die Müllverbrennung", erklärte Harmo und zeigte auf ein graues Gebäude.

Der kleine Köderwurm und der Kakerlak sahen, wie ein Müllfahrzeug durch den Eingang fuhr und schließlich auf einer riesigen Waage zum Stehen kam.

„Hm, der Abfall wird gewogen", sagte Odu.

„Dann fahren die Lieferfahrzeuge zu den Bunkern, die Unmengen von Abfällen speichern können", erzählte Harmo, der hier vor zwei Jahren eine Betriebsbesichtigung mit seiner Klasse gemacht hatte.

Odu zeigte in eine Richtung. „Und dort wird der Abfall entladen."

Ein riesiger Kran mit polypartigen Greifern nahm die Abfälle aus einem der Bunker auf und brachte sie zu der Verbrennungsanlage.

„Und dort ist der große Berg, der liegen geblieben ist, weil der zweite Kran kaputt ist."

Harmo zeigte auf den Müllhaufen und hielt sich die Nase zu. Aber Odus Augen strahlten vor Glück.

„Mach schon", forderte der Kakerlak und der kleine Köderwurm kroch quer durch den Betrieb zum Büro des Chefs. Er klopfte an der schweren Eisentür. Da niemand die Tür öffnete, übernahm es der kleine Köderwurm selbst und trat in das Chefbüro ein. Harmo sah den Chef der städtischen Abfallbeseitigung, einen Mistwurm mit Übergewicht, auf einem harten Stuhl sitzen. Er hatte tiefe blaue Ringe unter den Augen und gähnte vor Müdigkeit. Seine dicke Zigarre dampfte und ihr Rauch umhüllte Tabellen mit vielen Abfalldaten, die im ganzen Büro verteilt waren. Fragend sah der Chef den kleinen Wurm an.

„Wie kann ich dir helfen?"

„Ich möchte Ihnen helfen", antwortete Harmo und beobachtete den dicken Mistwurm, wie ihm die Zigarre aus dem Maul fiel.

„Ich weiß, dass ein Kran kaputt ist." Harmo wartete darauf, wieder abgewiesen zu werden. „Ach Würmchen, ich könnte ja jede Hilfe gebrauchen, aber wie könntest du helfen?", sagte der Mistwurm und rauchte seine Zigarre weiter, die er inzwischen aufgehoben hatte. „Bitte kommen Sie ans Fenster", bat Harmo. Der dicke Mistwurm kroch ans Fenster und traute seinen Augen nicht. Er sah ein kleines schwarzes Tier, das sich am Abfallberg zu schaffen machte. Es hatte schon eine beträchtliche Menge Abfall gefressen.

„Das ist mein Freund Odu, ein Kakerlak." Harmo winkte dem Kakerlaken zu. „Er ist ein Allesfresser und ein Vielfraß." Er fühlte, wie stolz er auf seinen Freund war. Der Chef der Abfallbeseitigung war beeindruckt. Harmo erzählte dem Mistwurm alles, was er schon lange Zeit einem Wurm erzählen wollte. Er berichtete, woher und warum Odu gekommen ist und dass sein Freund nur gestohlen hat, weil er fressen musste.

„Er ist der Dieb, der die ganze Stadt in Atem hält?", fragte der dicke Mistwurm, obwohl er die Antwort wusste. Er schüttelte immer wieder den Kopf und begann dann so herzhaft zu lachen, dass seine Zigarre ein zweites Mal zu Boden fiel.

„Jetzt will ich aber unbedingt deinen Freund kennenlernen", sagte der Chef der Abfallbeseitigung. Als Harmo und der dicke Chef der Abfallbeseitigung über den Abfallhof krochen, vernahmen sie ein lautes Schmatzen. Das war Odu, der sich im Fressrausch befand.

„Du kannst Abfälle fressen?", fragte der Mistwurm den Kakerlaken und bewunderte dessen zierliche Gestalt. Ein Allesfresser hatte er sich viel größer und stärker vorgestellt.

„Ich kann Abfälle fressen", wiederholte Odu lächelnd. Der Mistwurm bat den Kakerlaken, seine Fresserei zu unterbrechen, damit sie wichtige Dinge in seinem Büro besprechen konnten. Er bot Odu einen Stuhl zum Sitzen an, den er noch schnell mit einem weichen Kissen belegte.

Gemeinsam besprachen sie, welche und wie viele Abfälle der Kakerlak täglich fressen solle. Odu konnte es nicht fassen, dass er unter vielen verschiedenen Abfallarten auswählen konnte.

„Ich fühle mich wie im Paradies", sagte Odu. Er war glücklich.

Auch der Chef der städtischen Abfallbeseitigung hatte plötzlich ein sorgenfreies Gesicht, denn dank einer kleinen lebenden Fressmaschine würde es zukünftig in Wurmstädt keinen zweiten Abfallberg geben.

„Wir sollten den Bürgermeister informieren", schlug Harmo vor. Er machte ein zufriedenes Gesicht und blinzelte. „Er sollte wissen, dass wir den Dieb geschnappt haben."Dabei grinste Harmo und dachte: „Dem fliegen bei der Nachricht die Borsten weg!"

IM AUGUST

Die Wurmstädter hatten sich im August auf das 100-jährige Jubiläum ihrer Stadt gut vorbereitet. Das Rathaus war festlich geschmückt. Die Würmer schmückten ihre Wohnröhren mit Luftballons und Girlanden. In der ganzen Stadt war Musik zu hören und es duftete nach leckeren Fresswaren.

Es gab viele Veranstaltungen, die für den Spaß und die Unterhaltung der Würmer sorgten. Da gab es den Sandburgenbau, die sandige Murmelbahn oder den Familien-Hindernislauf, eine Ballwurf-Rallye und das Matschbaden und eine Familienschlammschlacht am Bach. Sehr beliebt waren auch das sportliche Wettkriechen auf dem Schotterweg und das Tanzturnier im Festzelt. Harmo und seine Mutter hatten am Tanzturnier teilgenommen, aber keinen der vorderen Plätze belegt. Sie hatten dennoch viel Spaß und erhielten viel Beifall, als sie ihre Schlauch-Schlingen-Kringel-Pirouette darboten. Zwei dünne Spulwürmer begeisterten die Wurmstädter mit einer Breakdance-Darbietung und siegten damit im Wettbewerb.

„Das sind keine Würmer, das sind zappelnde Gummibänder", scherzte Harmos Mutter. Voller Vorfreude erwarteten die Wurmstädter den Auftritt des Bürgermeisters. Herr Koreni hatte den Würmern seiner Stadt zur Jubiläumsfeier eine ganz besondere Überraschung versprochen. Die Tribüne auf der Festwiese, auf der der Bürgermeister sprechen sollte, war mit Blüten geschmückt. Immer mehr Würmer versammelten sich vor der Tribüne, um sich einen guten Platz bei der Festrede zu sichern. Harmo und seine Mutter stellten sich an eine Fressbude, die sich unmittelbar neben der Tribüne befand. Hier wurde ein leckerer Wiesenschwengel-Pudding verkauft, den die beiden Würmer sehr liebten. So konnten sie sich jederzeit mit einer neuen Portion dieser süßen Köstlichkeit versorgen, ohne das Geschehen auf der Tribüne zu verpassen. Aus großen Lautsprechern wurde verkündet, dass in wenigen Minuten der Bürgermeister erwartet werde. Immer mehr Wurmfamilien mit ihren Freunden und Verwandten strömten zum Festplatz und füllten jeden kleinen Platz vor der Tribüne. Viele Schlauchkörper berührten sich oder klebten aneinander. Einige Würmer hatten Mühe, ihr Gleichgewicht zu halten, aber niemanden störte das. Gemeinsam wollten die Würmer friedlich und gut gelaunt den 100. Geburtstag ihrer Stadt feiern. Endlich war es soweit. Ein lauter Tusch des Blasorchesters, dem zwölf Köderwürmer angehörten, gab das Zeichen für den Beginn der Festrede. Herr Koreni kroch, von einem mächtigen Applaus der Wurmstädter begleitet, auf die Tribüne. An seinem Schlauchkörper hing eine knallrote Krawatte, die in der Sonne glänzte und die Festlichkeit des Moments unterstrich.

„Es lebe unsere Stadt!", begann der Bürgermeister seine Rede. „Ich freue mich, dass wir heute den 100. Geburtstag feiern können." Die Würmer jubelten und das Orchester spielte einen neuen Tusch. Herr Koreni lächelte und setzte seine Rede fort:

„Heute können wir unbeschwert und sorgenfrei feiern. Das macht mich als Bürgermeister glücklich und zufrieden."

Dann holte er tief Luft. „Liebe Wurmstädter, bis vor wenigen Tagen herrschte noch eine große Unruhe in unserer Stadt. Viele unschöne Dinge sind geschehen, die zahlreichen Diebstähle und dann die Umweltbedrohung durch den stinkenden Abfallberg."

„ Jetzt können wir aufatmen, denn alle Probleme sind gelöst."

Ein riesiger Tusch folgte und die Würmer jubelten erneut, nur viel lauter. „Prima, Herr Bürgermeister!", rief ein molliger Wurm in der ersten Reihe.

„Ich möchte jetzt den Retter unserer Stadt vorstellen", sagte Herr Koreni. Er suchte mit den Augen den kleinen Köderwurm in der Menge und tausende Wurmaugen folgten ihm. Als er ihn endlich neben dem Fresswagen entdeckt hatte, zeigte er mit einer dicken Borste auf den kleinen Köderwurm. Harmo war aufgeregt und konnte sich nicht bewegen. Seine Mutter ließ vor Erstaunen das Maul offen und der Wiesenschwengel-Pudding, den sie gerade hineingestopft hatte, fiel wieder heraus und bekleckerte ihren Schlauchkörper. Die Köderwurmfrau hatte viele Fragen, doch jetzt war nicht der richtige Zeitpunkt, diese Fragen an ihren Sohn zu richten. Deshalb gab sie ihrem Sohn einen kleinen Schubs in Richtung Tribüne. Harmo fasste sich und kroch durch die Wurmmenge ins Rampenlicht. Der Bürgermeister und seine Sekretärin erwarteten ihn auf der Tribüne und Herr Koreni sagte feierlich:

„Manchmal kann ein kleiner Wurm ganz groß sein."

Er begrüßte den kleinen Köderwurm herzlich und bedankte sich bei ihm für seine guten Taten.

„Dieser kleine Köderwurm hat unsere Stadt gerettet."

Die Würmer vor der Tribüne schauten den Bürgermeister ihrer Stadt fragend an. Auf dem Festplatz war es totenstill und Spannung lag in der Luft. „Er hat den Dieb gefunden und auch unser Umweltproblem gelöst", ergänzte Herr Koreni.

Er erzählte den Wurmstädtern nun die ganze Geschichte von Harmo und seinem neuen Freund. Die Wurmstädter hörten aufmerksam zu und waren von Harmo begeistert.

Harmos Mutter platzte vor Stolz auf ihren Jungen. Das sah man an ihrem Schlauchkörper, der wie eine dünne Kerze steif nach oben ragte. Ein tosender Beifall setzte ein und dieser verstärkte sich, als der Kakerlak auf die Tribüne trat, der die ganze Zeit hinter der Tribüne warten musste. Odu fiel es nicht leicht, sich der Wurmmenge zu zeigen. Doch der Bürgermeister nickte ihm freundlich zu und sagte: „Und das ist Odu, der beste Abfallfresser und Vielfraß in unserer langen Stadtgeschichte. - Willkommen in unserer Stadt!"

Die Würmer jubelten und reckten ihre Wurmschläuche in die Höhe, um Odu besser sehen zu können. Sie musterten das fremde Äußere des Tieres. „Er sieht wirklich nicht gefährlich aus", meinte eine zierliche Regenwurmfrau. Der Kakerlak krabbelte ans Rednerpult, räusperte sich und sprach: „Zuerst möchte ich mich entschuldigen, weil ich euch beklaut habe. Das wird nicht wieder vorkommen."

Die Würmer glaubten ihm und nickten zustimmend. „Zweitens möchte ich mich bei meinem Freund Harmo bedanken. - Er hat mir gezeigt, dass es nicht schlimm ist, anders zu sein. Wichtig ist nur, was man daraus macht."

Viele Würmer hatten feuchte Augen, weil die Worte sie berührten.

„Und drittens möchte ich euch sagen, dass ich gern euren Abfall fresse, denn der ist super lecker!", rief das kleine schwarze Tier. Jetzt lachten die Würmer, klatschten und jubelten.

„Anlässlich unserer 100-jährigen Geburtstagsfeier wollen wir Harmo als Held unserer Stadt auszeichnen.", schallte die Stimme des Bürgermeisters aus den Lautsprechern auf der Festwiese. Herr Koreni entnahm einem Kästchen, das mit rotem Samt ausgelegt war und von seiner Sekretärin gehalten wurde, eine kleine Kette mit einem goldenen Anhänger.

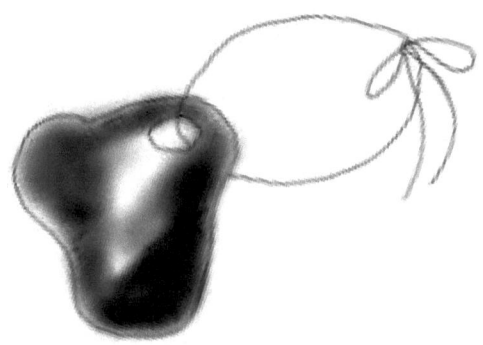

„Ich verleihe dir den goldenen Humuskrümel, eine Ehrenmedaille der Stadt Wurmstädt", sagte der Bürgermeister und gratulierte dem kleinen Köderwurm. Harmo freute sich und winkte den Würmern zu. Dann umarmte er den Kakerlaken.

Harmo und Odu waren unzertrennliche Freunde geworden. Das Beste war jedoch, dass sie ihre Freundschaft jetzt offen zeigen konnten.

Sie standen zusammen noch lange auf der Festtribüne und genossen den Beifall und die Zurufe der Würmer. Dann krochen sie zu Harmos Mutter, die noch immer am Fressstand wartete. Als sie ihren Sohn und den Kakerlaken kommen sah, rief sie:

„Da kommen meine beiden Helden." Sie hielt ihnen zwei große Portionen Wiesenschlengel-Pudding entgegen. Und so kam es, dass Odu zum ersten Mal in seinem Leben etwas fraß, was er nicht kannte.

Zu den Höhepunkten des Tages gehörte auch ein großer Festumzug mit den Bildern berühmter Wurmstädter, die schon verstorben waren. Auf den Bildern sah man Wissenschaftler, Künstler, Architekten und verdiente Bürgermeister der Stadt. Jeder Wurm war stolz, wenn er eines der Bilder beim Umzug tragen durfte.

„Seht nur!", rief Harmos Mutter und drohte in Ohnmacht zu fallen, denn auf einigen Bildern sah man Harmo und Odu. Harmos Mutter begriff, dass die Taten von Harmo und Odu für immer ein Teil der Stadtgeschichte sein würden.

Als die Musik auf der Festwiese einsetzte, begannen alle Würmer zu tanzen. Auch Harmo, seine Mutter und sein Freund Odu ließen sich vom Rhythmus der Musik anstecken und tauchten in der schlängelten Wurmmasse unter. Sie tanzten bis in den späten Abend hinein und krochen dann glücklich nach Hause. Der Kakerlak schlief an diesem Abend zum ersten Mal in der Wohnröhre eines Köderwurms. Fortan führte er ein zufriedenes Leben unter den Würmern, sorgte sich nie wieder um sein Fressen und verbrachte viel Zeit mit seiner neuen Familie.